Ars Paulina

Du même auteur chez Unicursal:

Ars Theurgia Goetia (Lemegeton Livre II)
GOETIA – Petite Clé du Roi Salomon (Lemegeton Livre I)
Draconia: Les Enseignements Draconiques
de la Véritable Magie des Dragons
Draconia Tome 2: Le Code Draconique au Quotidien
La Science des Mages: Traité Initiatique de Haute Magie
Magie Blanche: Formulaire Complet de Haute Sorcellerie

UNICURSAL

Copyright © 2019 Marc-André Ricard
www.maricard.com

Éditions Unicursal Publishers
www.unicursalpub.com

ISBN 978-2-89806-042-7

Première Édition, Litha 2019

Ars Paulina

LEMEGETON LIVRE III

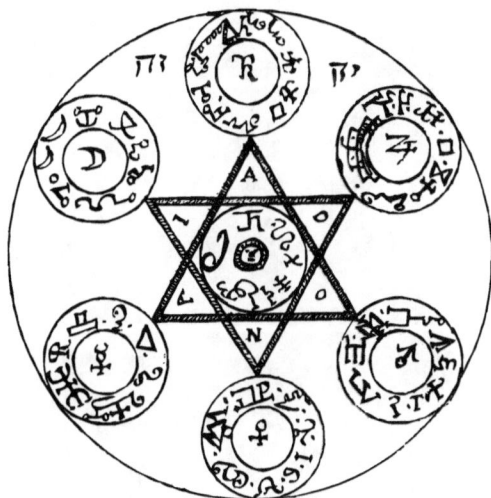

TRADUCTION, ÉDITION & INTRODUCTION
PAR
MARC-ANDRÉ RICARD

UNICURSAL

Edward Kelly, évoquant l'Esprit d'une personne décédée.

Préface de l'éditeur

L'*Ars Paulina* est le troisième tome du Lemegeton. Il serait initialement attribué à l'Apôtre Paul (d'où le nom d'Art Paulin) qui en aurait fait la découverte. On lui accorde néanmoins une date manuscrite approximative autour du 16ᵉ siècle et peut-être même avant. Une fois de plus, comme ses prédécesseurs, *Ars Goetia* & *Ars Theurgia*, ce traité concerne lui aussi l'évocation spirite, mais plus particulièrement à travers un verre de voyance, (ou pierre de cristal comme dans le manuscrit), et non physiquement devant un Cercle magique, à l'instar de la *Goetia*.

Ce texte est essentiellement un œuvre Astrologique et de Magie Évocatoire divisée en deux parties distinctes. La première partie comprend les Anges gouverneurs pour chaque heure du jour et de la nuit ainsi que leurs sceaux correspondants, tandis que la seconde partie comporte un mode de fabrication de sceaux pour les Anges attribués aux 12 signes du zodiaque en tenant compte des temps et du mouvement des corps célestes.

Il est un fait intéressant à noter que les sceaux de cette deuxième partie de l'Art Paulin se retrouvent également dans le second traité de Paracelse, publié en 1656, intitulé *Des Mystères Suprêmes de la Nature*, aussi connu ensuite sous le nom de l'*Archidoxe Magique*[1].

Pour composer cette édition, j'ai utilisé principalement le manuscrit Sloane 3825, lequel est enregistré au catalogue sous le nom de *Treatise on Magic* (Traité de Magie) et qui contient un texte sous le nom de *Clavicula Solomonis, The Little Key of Solomon* (La Petite Clef du Roi Salomon). J'ai contre-vérifié également autant que possible les différences avec la version du Dr Rudd, soit le manuscrit Harley 6483. J'ai aussi employé cette dernière version pour les Sceaux Planétaires en raison de la clarté des images et des caractères, rendant ainsi plus aisée l'utilisation du grimoire. Vous retrouverez en complément les sceaux du Sloane 3825 en appendice, à la fin de ce livre. Évidemment, comme le ferait tout magicien ou occultiste, je vous encourage à vous procurer et comparer par vous-même les différents manuscrits afin de corroborer mon travail et mes transcriptions.

Une dernière chose que j'aimerais mentionner, au risque de me répéter à travers les livres de cette série. Ceci concerne la faible grammaire et les nombreuses fautes que l'on retrouve dans les grimoires médiévaux. Certes, ils sont le fruit de copistes et non toujours de la part d'érudits et donc, en conséquent, ils sont généralement bien mal écrits. D'un côté, lorsqu'on les consulte en version électronique ou

---

1   *Des Mystères Suprêmes de la Nature*, Éditions Unicursal 2018.

microfilm, se retrouver devant l'emploi d'un vieil anglais, de nombreux doublons et j'en passe, rend l'expérience d'antan très certainement agréable, voire même à certains égards poétique. Cependant, au moment de traduire, comme il en a été le cas ici, j'ai tenté autant que possible de m'en tenir au manuscrit original sans m'éloigner du texte, de ses répétitions et de ses nombreuses autres particularités. Au final, si certaines phrases vous semblent mal écrites ou étranges, dites-vous que c'est parce que l'original l'était tout autant et que ce grimoire, je l'espère, conservera son aura mystérieuse du temps de jadis.

M. -A. Ricard ~555

Première Partie
de l'Art Paulin, &c.

Ici débute la 3ᵉ Partie du Lemegeton nommée

l'Art Paulin

du Roi Salomon

C e livre est divisé en deux parties, la première comprenant les Anges des heures du jour et de la nuit : La seconde partie, les Anges des signes du Zodiaque, comme suit ci-après &c.

La nature de ces 24 Anges du jour et de la nuit change tous les jours, et leurs offices est d'accomplir toutes les choses attribuées aux 7 planètes. Mais cela change à tous les jours aussi ; comme par exemple, vous pouvez voir dans le Traité suivant que l'Ange Samael régit la première heure du jour débutant au lever du Soleil, supposons que ce soit un Lundi dans la première heure du jour (cette heure est attribuée à la ☽). Que vous évoquiez Samael ou l'un de ses Ducs ; leurs offices en cette heure seront de faire toutes les choses qui sont attribuées à la ☽. Mais si vous l'appelez, lui ou l'un de ses serviteurs, le Mardi matin au lever du soleil, étant la première heure de la journée ; leurs offices seront de faire toutes choses attribuables à ♂, et ainsi de même il sera remarqué dans la première heure de chaque jour ; et il en sera également de même pour les Anges et leurs serviteurs qui régissent toutes les autres heures ; autant de jour comme de nuit.

De plus, il y a une observation à faire en fabriquant les Sceaux des 24 Anges selon la période de l'année, jour et heure où vous appellerez les Anges ou leurs serviteurs pour accomplir votre volonté. Mais vous ne pourrez pas y manquer si vous observez bien les exemples qui sont exposés dans l'œuvre suivante. Ceux-ci étant convenables pour le 10e jour de Mars, étant un Mercredi de l'an 1641 selon les anciens registres &c. Et quant à savoir ce qui est attribué aux planètes, je vous renvoie aux Livres d'Astrologie desquels de gros volumes ont été écrits &c.

À propos des Esprits en chef des Heures, et de leurs Serviteurs et Sceaux.

[À propos des Heures du Jour.]

La première heure de n'importe quel jour est régie par l'Ange nommé **Samael**, qui a sous son commandement de nombreux Ducs et serviteurs, desquels nous mentionnerons 8 des Ducs en chef, ce qui est suffisant pour la pratique, qui ont 444 serviteurs chacun pour les assister. Leurs noms sont les suivants : **Ameniel, Charpon, Darosiel, Monasiel, Brumiel, Nestoriel, Chremas, Meresyn.** À présent, pour concevoir ou faire un Sceau pour n'importe lequel de ces 8 Ducs ou pour le Prince en chef Samael, faites ce qui suit — écrivez pour commencer le Caractère du Seigneur de l'Ascendant, ensuite la ☽ suivant le reste des planètes, et puis ensuite les Caractères du Signe ascendant de la 12ᵉ maison à cette heure-là, qui sont montrés dans ce symbole qui est conçu pour le 10ᵉ jour de Mars de l'année 1641, étant un Mercredi dans la première maison &c.

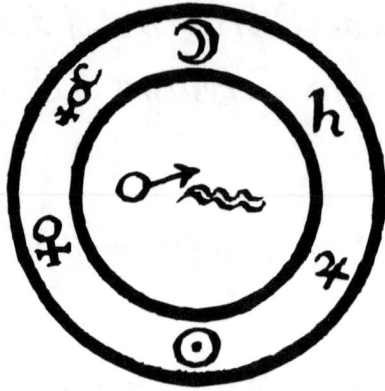

Ce Sceau étant ainsi fait, déposez-le sur la Table de pratique, posez votre main dessus et dites la Conjuration qui est écrite à la fin de cette première partie car elle est utilisée pour toutes [les conjurations]. Seuls les noms sont à changer selon la période où vous œuvrez &c.

Nota : déposez le Sceau sur la Table ou la partie de la table qui est inscrite du Caractère tel que l'est le Seigneur de l'Ascendant, tout comme ♂ est le Seigneur de l'Ascendant du Sceau précédemment indiqué, par conséquent il doit être déposé sur le Caractère de ♂ dans la Table de pratique &c. Faites-en de même pour tous les autres Sceaux &c.

Les parfums doivent être préparés de ces choses attribuées aux mêmes planètes, &c.

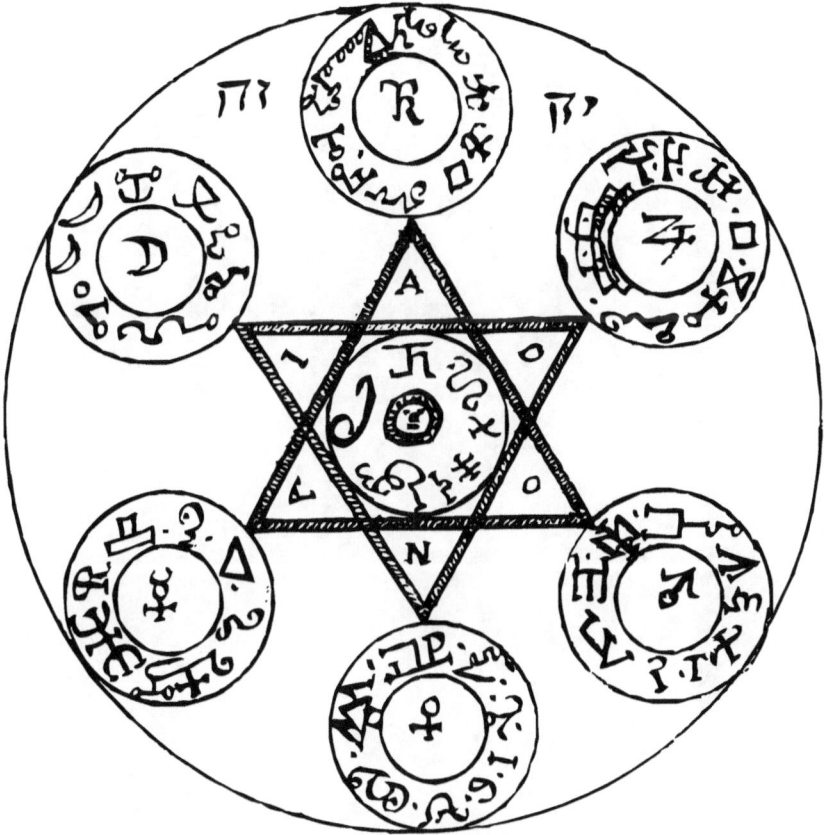

La Table de Pratique

*L*a deuxième heure du jour s'appelle **Cevorym**. L'Ange qui gouverne cette heure se nomme **Anael**, qui a 10 Ducs en chef et 100 Ducs inférieurs pour l'assister, desquels nous en mentionnerons 9. Mais les trois premiers sont au chef, et les 6 autres aux Ducs inférieurs. Ils ont 330 serviteurs chacun pour les assister. Ces 9 [en cet ordre] sont comme suit, à savoir : **Menarchos, Archiel, Chardiel, Orphiel, Cursiel, Elmoym, Quosiel, Ermaziel, Granyel.** Lorsque vous aurez le désir d'œuvrer dans la deuxième heure du Mercredi, en ce 10ᵉ jour de Mars, faites un Sceau comme suit, sur du papier ou parchemin vierge, en écrivant d'abord les Caractère du Seigneur de l'Ascendant — puis le reste des Planètes, et le signe de la 12ᵉ maison, comme vous pouvez le voir dans le symbole suivant, et lorsqu'il sera fait, déposez-le sur la partie de la Table qui possède le même Caractère que celui du Seigneur de l'Ascendant. Observez cette même règle pour toutes les parties à venir dans cette première partie et vous ne pourrez pas vous tromper &c. Puis dites ensuite la Conjuration telle qu'elle est écrite plus loin à la fin &c.

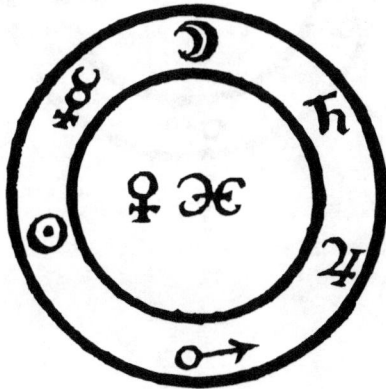

*L*a 3ᵉ heure de n'importe quel jour s'appelle **Dansor**, et l'Ange qui régit cette heure se nomme **Vequaniel**, qui a 20 Ducs en chef et 200 Ducs inférieurs, ainsi que de nombreux autres serviteurs pour l'assister, desquels nous allons mentionner 4 des Ducs en chef et huit des Ducs inférieurs qui ont 1760 serviteurs pour les servir. Leurs noms sont les suivants, à savoir : **Asmiel, Persiel, Mursiel, Zoesiel, Drelmech, Sadiniel, Parniel, Comadiel, Gemary, Xantiel, Serviel, Furiel.** Ceux-ci étant suffisants pour la pratique. Faites un Sceau convenable au jour, à l'heure et à l'année comme c'est le cas pour la période mentionnée précédemment et vous ne pourrez pas vous tromper. Dites ensuite la Conjuration.

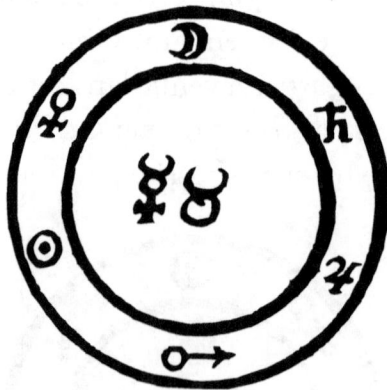

*L*a 4ᵉ heure de n'importe quel jour s'appelle **Elechym**, et son Ange se nomme **Vathmiel**, qui a 10 Ducs en chef et 100 Ducs inférieurs, en plus de nombreux serviteurs desquels nous ferons mention de 5 des chefs et 10 des Ducs inférieurs ; qui ont 1550 serviteurs pour les assister. Leurs noms sont comme suit, à savoir : **Armmyel, Larmich, Marfiel, Ormyel, Zardiel, Emarfiel, Permiel, Queriel, Strubiel, Diviel, Jermiel, Thuros, Vanesiel, Zasviel, Hermiel**. Ceux-ci sont suffisants pour la pratique. Faites un Sceau convenable à cette heure comme il a déjà été expliqué et vous ne pourrez pas vous tromper. Sa forme sera comme celle ci-dessous, pour le temps mentionné &c. Lorsqu'il sera complété, faites comme précédemment instruit et dites la Conjuration.

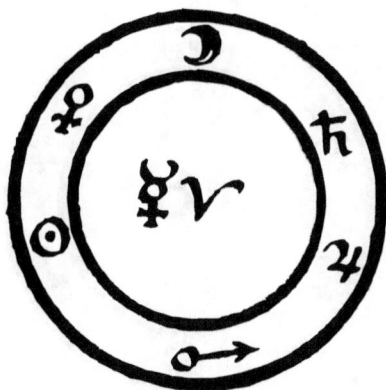

*L*a 5ᵉ heure de chaque jour s'appelle **Fealech** et son
Ange se nomme **Sasquiel**. Il a 10 Ducs en chef, et 100
Ducs inférieurs et de très nombreux serviteurs desquels
nous allons mentionner 5 des Ducs en chef et 10 des Ducs
inférieurs qui ont 5550 serviteurs pour les servir, dont les
noms sont comme suit, à savoir : **Damiel, Araniel, Maroch,
Saraphiel, Putisiel; Jameriel, Futiniel, Rameriel, Amisiel,
Uraniel, Omerach, Lameros, Zachiel, Fustiel, Camiel.**
Ceux-ci étant suffisants pour la pratique. Faites ensuite un
Sceau convenable pour la période, où je vous donne ici un
exemple pour le jour précédemment mentionné de l'an 1641,
et lorsque vous l'aurez fait, déposez-le sur la Table comme il
vous a été montré et dites la Conjuration.

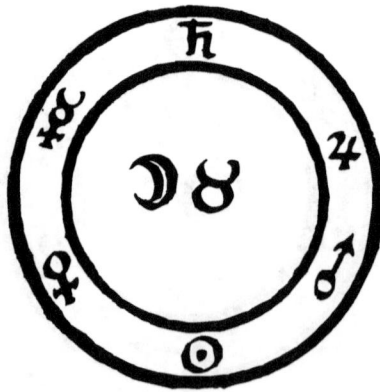

*L*a 6ᵉ heure de la journée s'appelle **Genapherim**, et l'Ange qui régit cette heure se nomme **Saniel**, qui a 10 Ducs en chef et 100 Ducs mineurs, en plus de nombreux autres serviteurs inférieurs, desquels nous mentionnerons 5 des chefs et 10 des Ducs inférieurs qui ont 5550 serviteurs pour les assister, dont les noms sont comme suit, à savoir : **Arnebiel, Charuch, Medusiel, Nathmiel, Pemiel, Gamyel, Jenotriel, Sameon, Trasiel, Xamyon, Nedabor, Permon, Brasiel, Camosiel, Evadar**. Ceux-ci étant suffisants pour la pratique à cette heure du jour. Faites ensuite un Sceau convenable pour la période du jour, année et heure, comme il est fait ci-après pour la période mentionnée. Posez-le ensuite sur la Table comme indiqué précédemment et vous ne pourrez pas vous tromper. Puis dites la Conjuration &c.

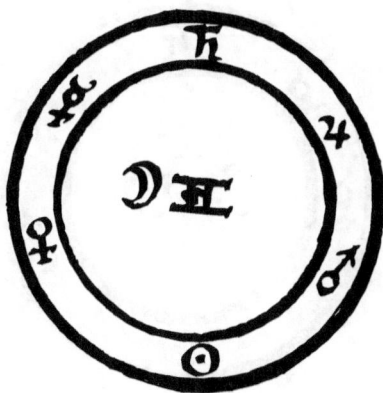

*L*a 7ᵉ heure du jour s'appelle **Hamarym**, et l'Ange qui la régit se nomme **Barquiel**, qui a 10 Ducs en chef et 100 Ducs inférieurs en plus de serviteurs qui sont très nombreux, desquels nous mentionnerons 5 des Ducs en chef et 10 des Ducs inférieurs qui ont 600 serviteurs pour les assister en cette heure ; dont les noms sont comme suit, à savoir : **Abrasiel, Farmos, Nestorii, Manuel, Sagiel, Harmiel, Nastrus, Varmay, Tulmas, Crosiel, Pasriel, Venesiel, Evarym, Drufiel, Kathos.** Ceux-ci étant suffisants pour la pratique en cette heure &c. Puis faites un Sceau ; je vous donne ici un exemple. Posez-le ensuite sur la Table comme il vous a été montré auparavant & ayant toutes les choses préparées, dites la Conjuration, &c.

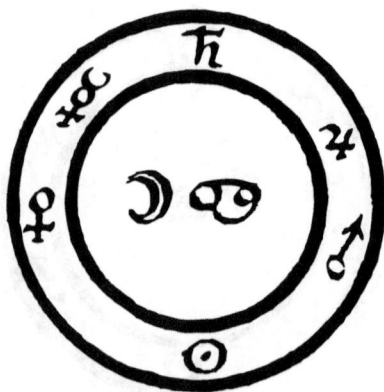

*L*a 8ᵉ heure de chaque jour s'appelle **Jafanym**, et l'Ange qui la gouverne se nomme **Osmadiel**, qui a 100 Ducs en chefs et 100 Ducs inférieurs en plus de très nombreux autres serviteurs desquels nous mentionnerons 5 des Ducs en chef et 10 des inférieurs qui ont 1100 serviteurs pour les assister — ceux-ci étant suffisants pour la pratique. Leurs noms sont comme suit, à savoir : **Sarfiel, Amalym, Chroel, Mesial, Lantrhots, Demarot, Janofiel, Larfuty, Vemael, Thribiel, Mariel, Remasyn, Theoriel, Framion, Ermiel** &c. Faites ensuite un Sceau pour cette 8ᵉ heure comme il est montré par ce Sceau qui est fait à titre d'exemple — puis déposez-le sur la Table et dites la Conjuration suivante &c.

*L*a 9ᵉ heure de chaque jour s'appelle **Karron**, et l'Ange qui la régit se nomme **Quabriel** qui possède de nombreux Ducs, 66 d'ordre majeur et inférieur, en plus de nombreux autres serviteurs, qui sont davantage inférieurs, dont 10 des majeurs et 100 des Ducs inférieurs ont 192980 serviteurs en 10 ordres pour leur obéir et les servir, desquels nous mentionnerons les noms de cinq Ducs en chef et 10 des Ducs inférieurs qui ont 650 serviteurs pour les servir en cette heure, ceux-ci étant suffisants pour la pratique. Leurs noms sont les suivants, à savoir : **Astroniel, Charmy, Pamory, Damyel, Nadriel, Kranos, Menas, Brasiel, Nefarym, Zoymiel, Trubas, Xermiel, Lameson, Zasnor, Janediel**. Et lorsque vous aurez le désir d'expérimenter dans cette maison, faites un Sceau comme il vous a déjà été montré, la forme de ce dernier étant un exemple, et quand il sera fait, posez-le sur la Table comme indiqué précédemment. Ensuite, dites la Conjuration &c.

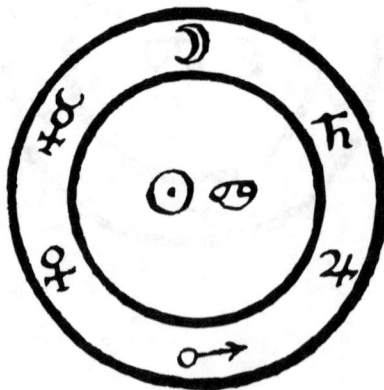

*L*a 10ᵉ heure de chaque jour s'appelle **Lamarhon** et l'Ange qui la régit se nomme **Oriel**, qui a plusieurs Ducs et serviteurs divisés en 10 ordres contenant 5600 Esprits desquels nous mentionnerons 5 des Ducs chef et 10 des prochains Ducs inférieurs qui ont 1100 serviteurs pour les servir. Ceux-ci étant suffisants pour la pratique. Leurs noms sont les suivants, à savoir : **Armosy, Drabiel, Penaly, Mesriel, Choreb, Lemur, Ormas, Charny, Zazyor, Naveron, Xantros, Basilon, Nameron, Kranoti, Alfrael.** Et lorsque vous aurez le désir d'œuvrer en cette heure, faites un Sceau convenable pour cette période, comme il est fait ici pour la 10ᵉ heure du Mercredi 10 mars de l'an 1641, ceci étant un exemple, et quand il sera fait, déposez-le sur la Table de pratique, et dites la Conjuration &c.

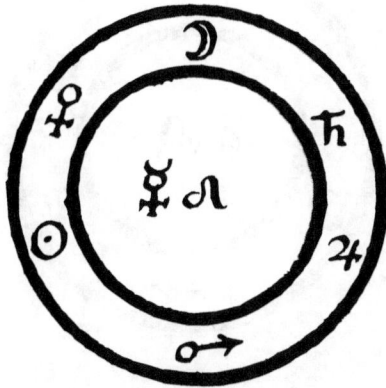

*L*a 11ᵉ heure de chaque jour s'appelle **Maneloym**, et l'Ange qui régit cette heure se nomme **Bariel**, qui a beaucoup de Ducs et de serviteurs, lesquels sont divisés en 10 parties qui contiennent le nombre de 5600 [Esprits], desquels nous mentionnerons 5 des Ducs du premier ordre et 10 Ducs inférieurs du second ordre, qui ont 1100 serviteurs pour les assister. Ceux-ci étant suffisants pour la pratique. Leurs noms sont comme suit, à savoir : **Almarizel, Prasiniel, Chadros, Turmiel, Lamiel, Menafiel, Demasor, Omary, Helmas, Zemoel, Almas, Perman, Comial, Temas, Lanifiel.** Et lorsque vous voudrez œuvrer, faites un Sceau convenable pour cette période du jour, comme je vous montre ici en exemple, et lorsqu'il sera fait, déposez-le sur la Table de pratique, et dites la Conjuration &c.

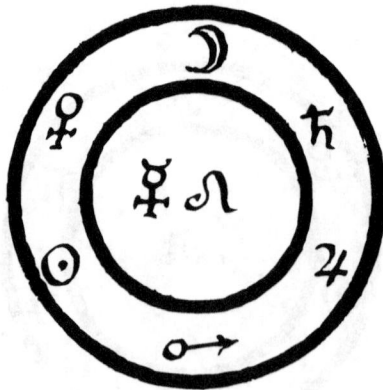

*L*a 12ᵉ heure de chaque jour s'appelle **Nahalon**, et l'Ange qui régit cette heure se nomme **Beratiel**, qui a de nombreux Ducs et autres serviteurs, qui sont divisés en douze degrés, lesquels contiennent le nombre de 3700 Esprits en tout, desquels nous mentionnerons 5 des Ducs en chef et 10 des Ducs inférieurs, qui ont 1100 serviteurs pour les assister, ceux-ci étant suffisants pour la pratique. Leurs noms sont comme suit, à savoir : **Camaron, Astrofiel, Penatiel, Demarac, Famaras, Plamiel, Nerastiel, Fimarson, Quirix, Sameron, Edriel, Choriel, Romiel, Fenosiel, Harmary.** Et lorsque vous aurez le désir d'œuvrer en cette heure, faites un Sceau convenable pour la période, comme j'ai ici pour la même heure, mais pour le 10ᵉ de Mars de l'année 1641. Lorsque vous l'aurez fait, déposez-le sur la Table de pratique et posez votre main dessus, et dites la Conjuration &c.

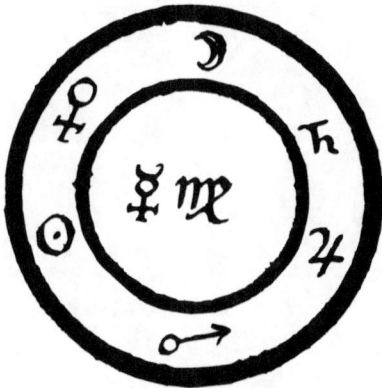

[À propos des Heures de la Nuit.]

La première heure de chaque nuit s'appelle **Omalharien**, et l'Ange qui la régit est appelé **Sabrathan**, qui a 1540 Ducs et autres serviteurs, qui sont divisés en 10 ordres ou parties, desquels nous allons mentionner 5 des Ducs en chef et 10 des Ducs inférieurs ; qui viennent après les 5 premiers. Ceux-ci étant suffisants pour la pratique en cette heure. Leurs noms sont comme suit, à savoir : **Domaras, Amerany, Penoles, Mardiel, Nastul, Ramesiel, Omedriel, Franedac, Chrasiel, Dormason, Hayzoym, Emalon, Turtiel, Quenol, Rymaliel.** Ils ont 2000 serviteurs pour les assister et lorsque vous voudrez œuvrer en cette heure, faites un Sceau convenable pour ce moment, comme celui-ci en constitue un exemple. Posez ensuite le Sceau sur la Table de pratique, et vous ne pourrez pas vous tromper. Dites la Conjuration &c.

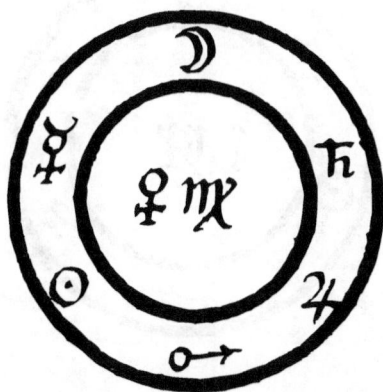

*L*a 2ᵉ heure de chaque nuit s'appelle **Panezur**, et l'Ange qui la régit se nomme **Tartys**, qui a 101550 [Esprits] pour l'assister, ces derniers étant divisés en 12 degrés ou ordres, desquels nous allons mentionner 6 des Ducs en chef du premier ordre & 12 du suivant. Ceux-ci étant suffisants pour la pratique. Leurs noms sont comme suit, à savoir : **Almodar, Famoriel, Nedroz, Ormezyn, Chabriz, Praxiel, Permaz, Vameroz, Emaryel, Fromezyn, Ramaziel, Granozyn, Gabrinoz, Mercoph, Tameriel, Venomiel, Jenaziel, Xemyzin.** Ils ont 1320 serviteurs à leur service en cette heure pour accomplir leur volonté et lorsque vous serez à l'œuvre en cette heure, faites un Sceau convenable pour ce moment, comme j'ai donné ici en exemple pour l'heure susmentionnée, puis déposez-le sur la Table, et dites la Conjuration, &c.

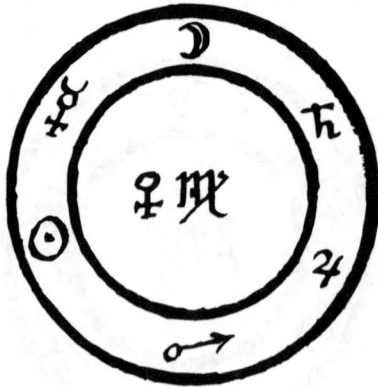

*L*a 3ᵉ heure de la nuit s'appelle **Quabrion**, et l'Ange qui la régit se nomme **Serquanich**, qui possède 101550 Ducs serviteurs et servants pour l'assister, lesquels sont divisés en 12 degrés d'ordres desquels nous mentionnerons 6 Ducs du premier ordre et 12 du second. Ceux-ci étant suffisants pour la pratique, dont les noms sont comme suit, à savoir : **Menarym, Chrusiel, Penargos, Amriel, Demanoz, Nestoroz, Evanuel, Sarmozyn, Haylon, Quabriel, Thurmytz, Fronyzon, Vanosyr, Lemaron, Almonoyz, Janothyel, Melrotz, Xanthyozod.** Ces derniers possèdent 1320 serviteurs pour les assister et lorsque vous voudrez œuvrer en cette heure, faites un Sceau convenable pour la période, comme j'ai mis en exemple ici pour l'heure susmentionnée, puis déposez-le sur la Table de pratique et dites la Conjuration, &c.

*L*a 4ᵉ heure de la nuit s'appelle **Ramersy**, et l'Ange qui la régit se nomme **Jefischa** — qui a 101550 Ducs et autres serviteurs, ces derniers étant divisés en 12 ordres ou degrés pour l'assister, desquels nous mentionnerons 6 de ces Ducs en chef et 12 de ceux appartenant au second ordre, lesquels sont suffisants pour la pratique. Leurs noms sont comme suit, à savoir : **Armosiel, Nedruan, Maneyloz, Ormael, Phorsiel, Rimezyn, Rayziel, Gemezin, Fremiel, Hamayz, Japuriel, Jasphiel, Lamediel, Adroziel, Zodiel, Bramiel, Bramiel, Coreziel, Enatriel.** Ceux-ci ont 7260 serviteurs pour les assister et si vous avez le désir d'œuvrer en cette heure, faites un Sceau convenable pour la période, vous en avez un ici pour cette heure, pour le moment ci-dessus à titre d'exemple. Ensuite, placez le Sceau sur la Table de pratique et dites la Conjuration, &c.

*L*a 5e heure de la nuit s'appelle **Sanayfar**, et son Ange se nomme **Abasdarhon**. Il a 101550 Ducs et autres serviteurs sous ses ordres. Ils sont divisés en 12 ordres ou degrés desquels nous mentionnerons 12 des Ducs appartenant au premier ordre et autant du second ordre ; ceux-ci étant suffisants pour la pratique en cette heure. Leurs noms sont comme suit, à savoir : **Meniel, Charaby, Appiniel, Deinatz, Nechorym, Hameriel, Vulcaniel, Samelon, Gemary, Vanescor, Sameryn, Xanthropy, Herphatz, Chrymas, Patrozyn, Nameton, Barmas, Platiel, Neszomy, Quesdor, Caremaz, Umariel, Kralym, Habalon,** qui ont 3200 serviteurs pour les assister et si vous faites quelconque expérimentation en cette heure, créez un Sceau convenable à ce moment, comme ce Sceau convient pour la période susmentionnée, soit le 10 de Mars 1641. Posez-le ensuite sur la Table de pratique et faites comme il vous a été prescrit auparavant et dites la Conjuration, &c.

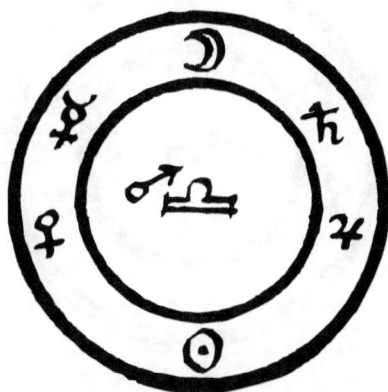

La 6ᵉ heure de chaque nuit s'appelle **Thaazaron**, et l'Ange qui la régit se nomme **Zaazenach**, qui a 101550 Ducs et autres serviteurs sous ses ordres pour le servir, lesquels sont divisés en 12 parties ou ordres, dont nous mentionnerons 12 des Ducs les plus souverains appartenant au premier ordre et 6 du second ordre, ceux-ci étant suffisants pour la pratique en cette heure. Leurs noms sont comme suit, à savoir : **Amonazÿ, Menoriel, Prenostix, Namedor, Cherasiel, Dramaz, Tuberiel, Humaziel, Lanoziel, Lamerotzod, Xerphiel, Zeziel, Pammon, Dracon, Gematzod, Enariel, Rudefor, Sarmon**, qui ont 2400 serviteurs pour les servir & si vous faites quelconque expérimentation en cette heure, créez un Sceau approprié pour le moment, comme il en est ici pour l'heure précédemment mentionnée, puis posez-le sur la Table et dites la Conjuration, &c.

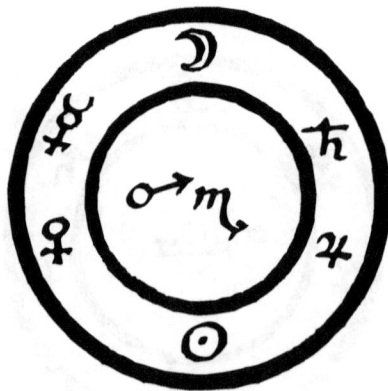

*L*a 7ᵉ heure de chaque nuit s'appelle **Venaydor,** et son Ange se nomme **Mendrion,** qui possède 101550 Ducs & autres serviteurs pour l'assister. Ils sont divisés en 12 ordres, parmi lesquels nous mentionnerons 12 des premiers Ducs en chef et 6 de la classe inférieure suivante. Ceux-ci étant suffisants pour la pratique — Leurs noms sont comme suit, à savoir : **Ammiel, Choriel, Genarytz, Pandroz, Menesiel, Sameriel, Ventariel, Zachariel, Dubraz, Marchiel, Jonadriel, Pemoniel, Rayziel, Tarmytz, Anapion, Jmonyel, Framoth, Machmag,** qui possèdent 1860 serviteurs pour les assister & lorsque vous ferez quelconque expérimentation, créez un Sceau convenable au moment, comme vous avez ici un exemple. Puis posez-le sur la Table et dites la Conjuration, &c.

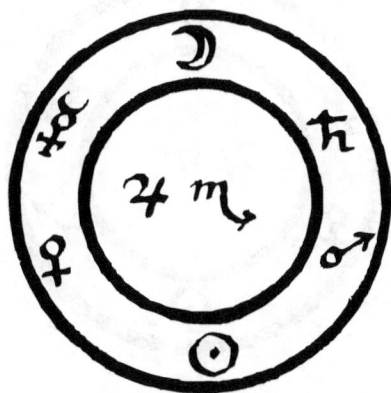

*L*a 8e heure de chaque nuit s'appelle **Xymalim**, et l'Ange qui la régit se nomme **Narcoriel**, qui possède 101550 Ducs et autres Esprits serviteurs pour l'assister. Ils sont divisés en 12 degrés ou ordres, desquels nous mentionnerons 12 du premier ordre et 6 de l'ordre suivant, ceux-ci étant suffisants pour la pratique en cette heure. Leurs noms sont comme suit, à savoir : **Cambiel, Nedarym, Astrocon, Marifiel, Dramozyn, Lustifion, Amelson, Lemozar, Xernifiel, Kanorsiel, Bufanotz, Jamedroz, Xanoriz, Jastrion, Themaz, Hobrazym, Zymeloz, Gamsiel**, qui ont 30200 serviteurs pour les assister, et lorsque que vous ferez quelconque expérimentation en cette heure, créez un Sceau convenable au moment, comme vous avez ici à titre d'exemple pour l'heure mentionnée. Déposez-le ensuite sur la Table et dites la Conjuration, &c.

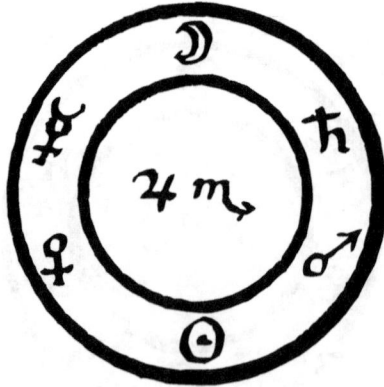

*L*a 9ᵉ heure de la nuit s'appelle **Zeschar** et l'Ange qui la régit se nomme **Pamyel**. Il possède 101550 Ducs & autres serviteurs pour l'assister, divisés en douze parties ou ordres, desquels nous mentionnerons 18 des Ducs en chef dont les noms sont comme suit, à savoir : **Demaor, Nameal, Adrapon, Chermel, Fenadros, Vemasiel, Comary, Matiel, Zenoroz, Brandiel, Evandiel, Tameriel, Befranzy, Jachoroz, Xanthir, Armapy, Druchas, Sardiel.** Ils ont 1320 serviteurs pour les assister et lorsque vous ferez quelconque expérimentation en cette heure, créez un Sceau convenable au moment, comme vous avez ici en exemple pour l'heure mentionnée. Déposez-le ensuite sur la Table et posez votre main dessus et dites la Conjuration, &c.

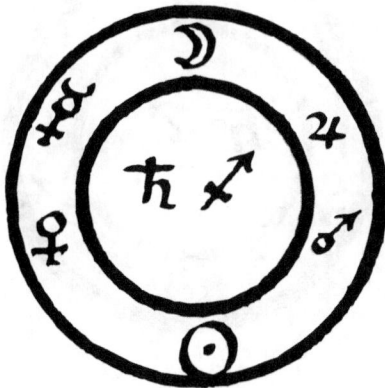

*L*a 10ᵉ heure de la nuit s'appelle **Malcho**, et l'Ange qui la régit se nomme **Iassuarim**, qui a 100 Ducs en chef et 100 Ducs inférieurs en plus de nombreux autres serviteurs, desquels nous en mentionnerons 6, soit trois du premier ordre et 3 du second ordre, qui ont 1620 serviteurs. Leurs noms sont comme suit, à savoir : **Lapheriel, Emarziel, Nameroyz, Chameray, Hazaniel, Uraniel.** Et lorsque vous œuvrez en cette heure, faites un Sceau en accord avec le temps, comme il est ici pour l'heure du mois de Mars 1641. Posez-le ensuite sur la Table et dites la Conjuration, &c.

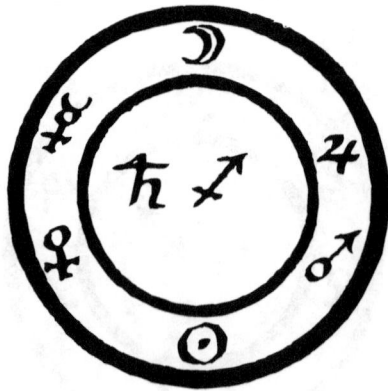

*L*a 11ᵉ heure de la nuit s'appelle **Aalacho**, et l'Ange qui la régit se nomme **Dardariel**, qui possède de nombreux serviteurs et Ducs desquels nous ferons mention de 14 des Ducs en chef et 7 des Ducs inférieurs, qui ont 420 serviteurs pour les servir. Ils sont tous bons et obéissent aux Lois de Dieu. Leurs noms sont comme suit, à savoir : **Cardiel, Permon, Armiel, Nastoriel, Casmiroz, Dameriel, Furamiel, Mafriel, Hariaz, Damar, Alachuc, Emeriel, Naveroz, Alaphar, Nermas, Druchas, Carman, Elamyz, Jatroziel, Lamersy, Hamarytzod.** Et lorsque vous aurez le désir de faire une expérimentation, créez un Sceau convenable pour le temps, comme il est ici pour l'heure du mois de Mars 1641. Posez-le ensuite sur la Table et dites la Conjuration, &c.

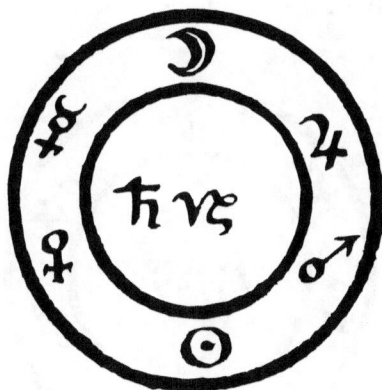

*L*a 12ᵉ heure de la nuit s'appelle **Xephan**, et l'Ange qui la régit se nomme **Sarandiel**, qui possède de nombreux Ducs et serviteurs desquels nous mentionnerons 14 des bons Ducs en chef appartenant au premier ordre et 7 du second ordre, qui ont 420 serviteurs pour les servir. Leurs noms sont comme suit, à savoir : **Adoniel, Damasiel, Ambriel, Meriel, Denaryz, Emarion, Kabriel, Marachy, Chabrion, Nestoriel, Zachriel, Naveriel, Damery, Namael, Hardiel, Nefrias, Irmanotzod, Gerthiel, Dromiel, Ladrotzod, Melanas**. Et lorsque vous aurez le désir de faire une expérimentation en cette heure, créez un Sceau convenable pour le temps, comme il est ici pour la même heure du 10 de Mars de l'an 1641 et quand il sera prêt, déposez-le sur la Table de pratique et posez votre main dessus, puis dites la Conjuration suivante :

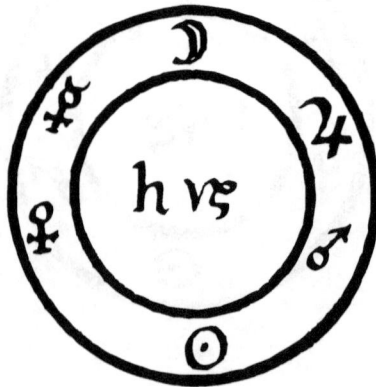

La Conjuration comme suit :

O toi grand, puissant et fort Ange **Samael** *qui Règne en cette première heure du jour — Moi, le Serviteur du Dieu Très-Haut : te conjure et te supplie au nom du plus Omnipotent et Immortel Seigneur Dieu des Armées :* **Jehovah ✳ Tetragrammaton**, *et par le nom et au nom du Dieu auquel tu dois obéissance et par la tête de la Hiérarchie, et par le Sceau ou la marque par laquelle tu es reconnu au pouvoir ; et par les 7 Anges qui se tiennent devant le trône de Dieu ; et par les 7 Planètes et leurs Sceaux et Caractères, et par l'Ange qui Régit le signe de la 12ᵉ maison qui maintenant Ascensionne en cette première heure, qu'il te plaise bien de vouloir gracieusement te préparer et de te regrouper, et par la permission divine de te déplacer et venir de toutes les parties du monde, peu importe où que tu sois et de te montrer visiblement et clairement dans ce Cristal à la vue de mes yeux, parlant d'une voix intelligible et à ma compréhension, et que tu sois agréablement heureux que je puisse obtenir ton amitié familière et constante socialisation toutes deux maintenant et à tout moment lorsque je t'évoquerai sous apparence visible pour m'informer et me diriger en toutes choses qui me sembleront bonnes et légitimes au Créateur et à Toi ; O toi grand et puissant Ange* **Samael**, *je t'appelle, t'adjure, te commande et t'évoque très puissamment de tes Ordres et de ton lieu de résidence sous apparence visible, dans et au travers de ces grands et puissants signaux et Incompréhensibles noms divins du grand Dieu qui était, est, et sera toujours* **Adonay, Zebaoth, Adonay Amioram, Hagios, Agla, On, Tetragrammaton.**

Et par et au nom **Primeumaton**, *qui commande toute l'Armée du Ciel; dont la Puissance et la vertu sont les plus efficaces pour t'Évoquer et t'Ordonner de transmettre tes rayons visiblement et parfaitement à ma vue; et ta voix à mes oreilles, à l'intérieur et au travers de ce Cristal; afin que je puisse clairement te voir et parfaitement t'entendre me parler.*

Par conséquent, déplace-toi, O Toi **Samael**, *puissant Ange béni; et par ce nom Omnipotent du grand Dieu* **Jehovah**, *et par la dignité Impériale de celui-ci, descends et montre toi à moi, parfaitement et visiblement, sous une forme agréable et avenante dans ce Cristal à la vue de mes yeux en parlant d'une voix Intelligible, et à mon appréhension, montrant, déclarant et accomplissant tous mes désirs que je demanderai ou exigerai de toi, à la fois ici et dans quelques vérités que ce soit ou autres choses qui sont justes et légitimes devant la présence du Dieu Tout-Puissant, le Pourvoyeur de tous les présents; envers qui je prie de bien vouloir être aimablement enclin de m'accorder; O Toi Serviteur de miséricorde* **Samael**, *sois donc dès lors amical envers moi; et accomplis pour moi tout comme pour le Serviteur du Dieu Suprême; tant que Dieu t'en donnera le pouvoir d'exercer; ce en quoi je te dépêche en puissance et en présence de m'apparaître, afin que je puisse chanter avec ses saints Anges* **Omappa-la-man**, **Hallelujah**, *Amen.*

Mais avant d'appeler l'un des Princes ou des Ducs; vous devez Invoquer son Ange en chef gouverneur qui régit l'heure du jour ou de la nuit, comme suit:

L'Invocation comme suit :

O Toi grand et puissant Ange **Samael**, *qui par le Décret du plus haut et Glorieux Roi, Souverain et Gouverneur de la première heure du Jour, Moi, le Serviteur du Très-Haut, je désire et te supplie par ces 3 grands et puissants noms de Dieu :* **Agla**, **On**, **Tetragrammaton** *et par la puissance et la vertu de ceux-ci, de m'aider et m'assister dans mes œuvres ; et par ta puissance et ton autorité, de m'envoyer et faire venir et apparaître devant moi l'un ou tous les Anges que je pourrai appeler par leurs noms ; lesquels résident sous ton Gouvernement, afin de m'instruire, m'aider et m'assister en toutes ces questions et choses selon leurs offices, comme je désirerai et exigerai d'eux (ou de lui) ; et qu'ils puissent accomplir pour moi, comme pour le Serviteur du Grand Créateur. Amen.*

Ensuite commencez à les Invoquer comme suit :

O Toi grand et puissant Ange **Ameniel**, *qui est le premier et principal Duc régnant par permission divine sous le grand et puissant Ange* **Samael**, *qui est le grand et puissant Ange régnant cette première heure du jour ; Moi, le Serviteur du Très-Haut Dieu, te Conjure et te supplie au nom du plus Omnipotent et Immortel Seigneur Dieu des Armées,* **Jehovah** ✶*.*

Notez qu'à partir de ce signe ✶, il faut poursuivre avec le contenu de la Conjuration écrite ci-dessus, &c. Et lorsqu'un Esprit sera venu, de lui souhaiter la bienvenue. Ensuite lui exposer votre désir, et quand vous aurez terminé, renvoyez-le selon vos ordres de renvoi, &c.

& ainsi s'achève la Première Partie de l'Art Paulin, &c.

Deuxième Partie
de l'Art Paulin, &c.

La Deuxième Partie de l'Art Paulin.

La deuxième Partie contient les noms Mystiques des Anges appartenant aux Signes en général, ainsi que les noms des Anges de chaque degré et des Signes en général, qui sont nommés les Anges des hommes; car chaque homme est né sous l'un de ces signes et degrés. Par conséquent, celui qui connaît le moment de sa naissance peut connaître l'Ange qui le gouverne [par l'art suivant]; et il peut ainsi obtenir tous les Arts et toutes les Sciences, oui à toute la sagesse et aux connaissances que tout homme mortel peut désirer en ce monde.

[Les Sages de l'Antiquité[2] enseignent à connaître la nature du Génie de l'homme, qu'il soit bon ou mauvais, par les astres et leurs influences, et les aspects de ceux qui passent à la naissance d'un chacun. Porphyre cherche la connaissance du Génie dans l'étoile qui domine à la Naissance. Les

---

2   Cette section se retrouve uniquement dans le MS Harley 6483. Elle provient des chapitres 21-22 du Livre III de H.C. Agrippa, *De Occulta Philosophia*. [La Philosophie Occulte, ed. Unicursal, 2018.]

Chaldéens ne cherchent la connaissance du Génie que dans le Soleil ou la Lune. D'autres croient qu'il faut trouver le bon Génie dans la onzième maison qui est appelée pour ce sujet bon Daïmon; et qu'il faut chercher le mauvais Génie dans la sixième maison, appelée pour cela mauvais Daïmon.

Il n'y a point d'homme sur terre qui n'ait comme Gardien un Triple et bon Daïmon, l'Un est sacré, le second est de la naissance, et le troisième est de la profession. Le Daïmon sacré ne vient point des astres ni des planètes, mais d'une cause supérieure, du Dieu même maître des esprits, qui l'a assigné à l'Ame Rationnelle dans sa descente; cet esprit est universel, au-dessus de la Nature.

Le second Daïmon est de la Géniture ou Naissance, qui s'appelle aussi Génie; celui-ci nous vient de la disposition du monde, et du Tournant des astres qui passent lors de la Naissance.

Le Daïmon de la profession est donné par les astres qui président à la profession ou secte à laquelle appartient un homme, et l'âme le choisit tacitement lorsqu'elle commence à user d'élection et qu'elle a pris une règle de vie. Ce Daïmon change lorsque le changement de profession arrive; alors selon la dignité de la profession, on reçoit des Daïmon de profession plus dignes et même d'un plus haut ordre, qui prennent soin successivement de l'homme qui s'adjoint progressivement tel et tel gardien de profession à proportion qu'il monte de vertu en vertu.][3]

---

3   À partir d'ici, le manuscrit se poursuit avec une narration de 14 pages à propos du Dr Rudd et de Sir John Heydon et de leurs interactions avec un certain Esprit et un Génie Gardien. Le but de cette narration étant de démontrer l'existence objective des Esprits.

Mais notez ceci: Ces Anges attribués au feu possèdent plus de connaissances à cet égard [au Feu] que tous les autres. Ainsi, ceux qui appartiennent à l'Air ont plus de connaissances à cet égard [dans les choses aériennes] que tous les autres. Et ceux de l'Eau ont plus de connaissances à cet égard que tous les autres. Et aussi ceux de la Terre possèdent plus de connaissances en cela que tous les autres. Et afin de connaître ceux qui appartiennent au Feu, à l'Air, à la Terre ou à l'Eau, observez la nature des signes et vous ne pourrez pas vous tromper. Ceux qui sont attribués au ♈ sont de même nature [ignée], et ainsi de suite pour le reste. Mais si une quelconque Planète se trouve dans un degré ascendant, alors cet Ange sera et de la nature du signe et de la Planète, &c.

Observez la méthode suivante et vous ne pourrez qu'obtenir votre désir &c.

Suit ici une table des Signes & des Planètes & leurs Natures.

Table I. Les Planètes Leurs Signes, et Leurs Natures.

Les Planètes	Les Signes	La Nature des Signes	Les Anges
♂	♈	Feu	Aiel
♀	♉	Terre	Tual
☿	♊	Air	Giel
☽	♋	Eau	Cael
☉	♌	Feu	Ol
☿	♍	Terre	Voil
♀	♎	Air	Jael
♂	♏	Eau	Josel [Sosol]
♃	♐	Feu	Suiajasel
♄	♑	Terre	Casujojah [Casuijah]
♄	♒	Air	Ausiul [Ansuil]
♃	♓	Eau	Pasil [Pasiel]

Ces 12 noms sont attribués aux 12 signes du Zodiaque; Parce que ceux qui ne connaissent pas le degré exact de leur Nativité[4]; alors il peuvent utiliser ceux-ci s'il connaissent [à tout le moins] le signe Ascendant, &c.

Le nom des autres Anges qui sont attribués à chaque degré de chaque signes du Zodiaque sont comme suit:

---

4 Heure de naissance.

Table 2. Les Planètes, Leurs Signes, et Les Noms des Génies.
[Degrés 1° - 5°]

Signes	1er Degré	2e Degré	3e Degré	4e Degré	5e Degré
♈ ♂	Biael	Gesiel	Hael	Vaniel	Zaciel
♉ ♀	Latiel	Hujael	Sachiel	Gneliel	Panael
♊ ☿	Latiel	Nagael	Sachael	Gnaliel	Paniel
♋ ☽	Sachiel	Metiel	Asel	Sachiel	Mihel
♌ ☉	Mechiel	Satiel	Ajel	Mechiel	Sahel
♍ ☿	Celiel	Senael	Nasael	Sangiel	Gnaphiel
♎ ♀	Ibajah	Chaiel	Sahael	Naviel	Saziel
♏ ♂	Teliel	Jeniel	Cesiel	Lengael	Naphael
♐ ♃	Taliel	Janiel	Casiel	Langael	Naphael
♑ ♄	Chushel	Temael	Jaajah	Cashiel	Lamajah
♒ ♄	Chamiel	Tesael	Jaajeh	Camiel	Lashiel
♓ ♃	Lachiel	Neliel	Sanael	Gnasiel	Pangael

Table 2. Les Planètes, Leurs Signes, et Les Noms des Génies.
[Degrés 6° - 10°]

Signes	6ᵉ Degré	7ᵉ Degré	8ᵉ Degré	9ᵉ Degré	10ᵉ Degré
♈ ♂	Cegnel	Japhael	Itael	Cakiel	Lariel
♉ ♀	Jezisiel	Kingael	Raphiel	Tezael	Gnakiel
♊ ☿	Tzisiel	Kingael	Raphiel	Gnetiel	Bakiel
♋ ☽	Aniel	Sasael	Magnael	Aphiel	Sersael
♌ ☉	Aniel	Masiel	Sengael	Aphiel	Metziel
♍ ☿	Parziel	Tzakiel	Kriel	Rathiel	Tangiel
♎ ♀	Gnachiel	Patiel	Trajael	Kachiel	Baliel
♏ ♂	Satziel	Gnakiel	Periel	Tzethiel	Rengliel
♐ ♃	Satziel	Gnakiel	Periel	Tzangiel	Jebiel
♑ ♄	Naajah	Sasajah	Gnamiel	Paajah	Izashiel
♒ ♄	Naajah	Samiel	Gnashiel	Paajah	Izamiel
♓ ♃	Tzapheal	Kphiel	Ratziel	Tarajah	Gnathiel

Table 2. *Les Planètes, Leurs Signes, et Les Noms des Génies.*
{Degrés 11° - 15°}

Signes	11e Degré	12e Degré	13e Degré	14e Degré	15e Degré
♈ ♂	Natheel	Sagnel	Gabiel	Pegiel	Gadiel
♉ ♀	Beriel	Gethiel	Dagnel	Vabiel	Zegiel
♊ ☿	Geriel	Dathiel	Hegnel	Vabiel	Zagiel
♋ ☽	Makael	Ariel	Sethiel	Magnael	Abiel
♌ ☉	Sekiel	Ariel	Gnethiel	Sagiel	Abiel
♍ ☿	Gnasiel	Bagiel	Gediel	Dahiel	Hevael
♎ ♀	Tamael	Gnamiel	Bangiel	Gepheel	Dathiel
♏ ♂	Rebiel	Tagiel	Gnadiel	Bevael	Geziel
♐ ♃	Regael	Tediel	Gnaheel	Bevael	Geziel
♑ ♄	Kmiel	Riajah	Tashiel	Gnamiel	Baajah
♒ ♄	Kshiel	Raajah	Tamiel	Gnashiel	Baajah
♓ ♃	Bengiel	Gebiel	Dagiel	Hadiel	Vahajah

Table 2. *Les Planètes, Leurs Signes, et Les Noms des Génies.*
[Degrés 16° - 20°]

Signes	16e Degré	17e Degré	18e Degré	19e Degré	20e Degré
♈ ♂	Kheel	Leviel	Hezael	Geciel	Betiel
♉ ♀	Chadiel	Tahiel	Javiel	Chazael	Bachiel
♊ ☿	Chadiel	Tahiel	Javiel	Chazael	Bachiel
♋ ☽	Sagel	Madiel	Athiel	Savael	Maziel
♌ ☉	Magiel	Sadiel	Athiel	Muviel	Saviel
♍ ☿	Vaziel	Zachiel	Chetiel	Tiiel	Jechiel
♎ ♀	Hekiel	Vabiel	Zethiel	Chengiel	Tibiel
♏ ♂	Dachiel	Hephiel	Vagael	Zackiel	Chabiel
♐ ♃	Dachiel	Hephiel	Vagael	Zackiel	Chabiel
♑ ♄	Gashiel	Dashiel	Haajah	Vashiel	Zamiel
♒ ♄	Gashiel	Dashiel	Haajah	Vashiel	Zamiel
♓ ♃	Zavael	Chazael	Tachael	Jatael	Cajaiel

Table 2. Les Planètes, Leurs Signes, et Les Noms des Génies.
[Degrés 21° - 25°]

Signes	21ᵉ Degré	22ᵉ Degré	23ᵉ Degré	24ᵉ Degré	25ᵉ Degré
♈ ♂	Giel	Dachael	Habiel	Vagel	Zadiel
♉ ♀	Getiel	Dajiel	Hachael	Vabiel	Zagiel
♊ ☿	Getiel	Dajiel	Hachael	Vabiel	Zagiel
♋ ☽	Achiel	Setiel	Maiel	Achael	Sabiel
♌ ☉	Achiel	Metiel	Siel	Achael	Mabiel
♍ ☿	Cabiel	Bagiel	Gediel	Dahiel	Hoviel
♎ ♀	Jagiel	Cediel	Behel	Gevael	Daziel
♏ ♂	Tagiel	Jadiel	Cahael	Baviel	Gezael
♐ ♃	Tagiel	Jadiel	Cahael	Baviel	Gezael
♑ ♄	Chael	Tashiel	Jashiel	Ciajah	Beshael
♒ ♄	Chael	Tashiel	Jashiel	Ciajah	Beshael
♓ ♃	Bachiel	Gabiel	Dagiel	Hediel	Vahejah

Table 2. Les Planètes, Leurs Signes, et Les Noms des Génies.
[Degrés 26° - 30°]

Signes	26ᵉ Degré	27ᵉ Degré	28ᵉ Degré	29ᵉ Degré	30ᵉ Degré
♈ ♂	Chahel	Tavael	Jezel	Cechiel	Hetiel
♉ ♀	Chadiel	Gehiel	Javael	Chasiel	Sachael
♊ ☿	Chadiel	Tahiel	Daviel	Heziel	Vachael
♋ ☽	Magiel	Adiel	Sahiel	Meviel	Aziel
♌ ☉	Sagiel	Adiel	Mahiel	Savael	Aziel
♍ ☿	Vaziel	Zachiel	Chetivel	Tajael	Jachiel
♎ ♀	Heckiel	Vatiel	Zajel	Chechiel	Tehiel
♏ ♂	Dachael	Hatiel	Vajael	Zachiel	Chasiel
♐ ♃	Dachael	Hatiel	Vajael	Zachiel	Chasiel
♑ ♄	Gamael	Daael	Heshael	Vamiel	Zaajah
♒ ♄	Gamael	Daael	Heshael	Vamiel	Zaajah
♓ ♃	Zavael	Chazael	Tachiel	Jatael	Cajael

{ Les 12 Sceaux des 12 Signes du Zodiaque.}

Ceux-ci sont les 12 Sceau attribués aux Signes & aux Anges qui précèdent.

[Le Premier Sceau du Bélier]

Faites ce seau en ♂ *3ss* ☉ *3ii* ♀ *3ss* et faites fondre ensemble lorsque le ☉ entre dans le premier Degré du ♈. Puis au jour de ♂, la ☽ étant dans le 9ᵉ ou 10ᵉ Degré du ♈, confectionnez-le et terminez-le &c.[5]

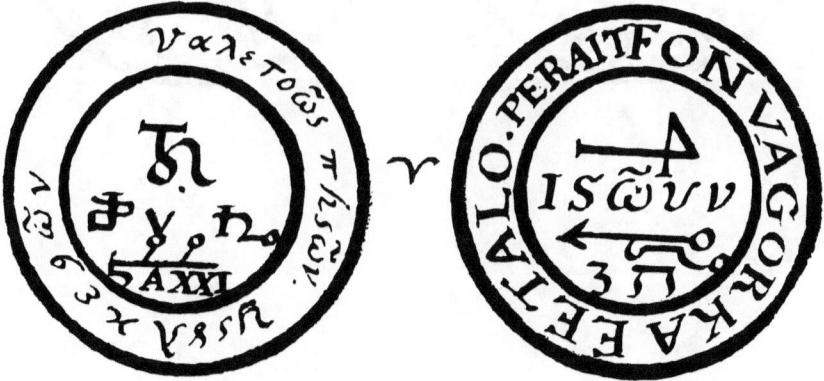

---

5   Les mesures spécifiées sont données en symboles d'apothicaire. Elles correspondent à ceci :

   3 = 1 once (28.35g.)
   3 = 1 drachme (dram) = ⅛ once (3.54g.)
   ss = ½
   i = Chiffre Romain indiquant les quantités
   Ainsi *3ii* = 2 onces, *3ss* = ½ once.

Le Second Sceau [du Taureau]

Faites ce Sceau en ♀ 3*i* ♃ 3*i* ♂ 3*ss* ☉ 3*ii* et faites-les fondre ensemble au moment précis où le ☉ entre dans le ♉, et complétez-le &c.

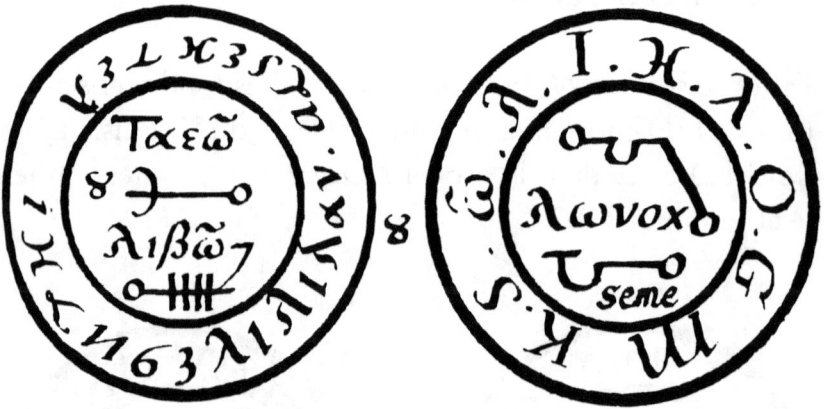

Le Troisième Sceau [des Gémeaux]

Faites ce Sceau en ☉ 3*i*, ☽ 3*i* et faites fondre le tout ensemble lorsque le ☉ entre dans le ♊, et faites-en un Lamen quand la ☽ sera en ♌ ou ♓ &c.

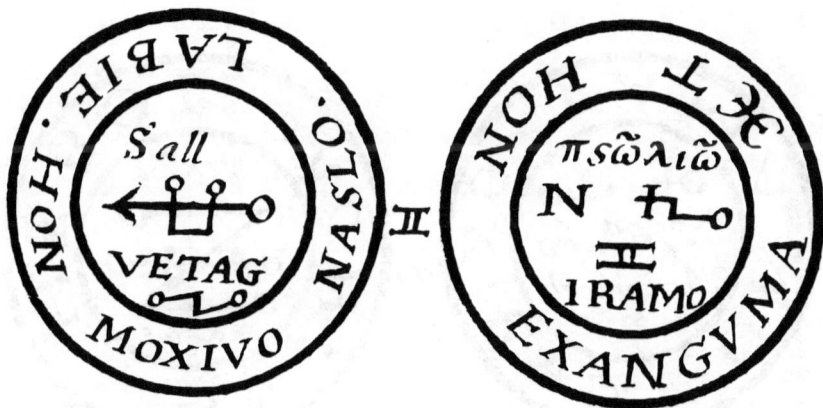

Le Quatrième Sceau [du Cancer]

Faites ce Sceau en ☽ lorsque le ☉ entre en ♋ à l'heure de la
☽[6], elle [la Lune] croissante et en bon aspect &c.

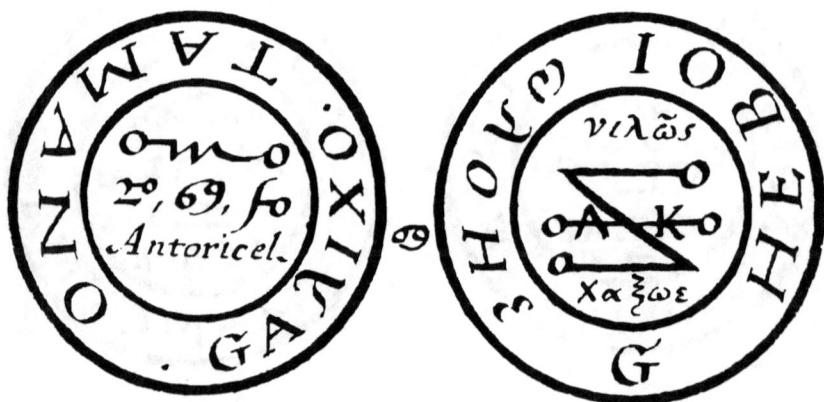

---

6   Il s'agit ici d'œuvrer sous les auspices Lunaires. Afin de calculer les heures planétaires, l'opérant doit savoir qu'à chaque jour, la planète en force gouvernera la 1ere, 8e, 15e et 22e heure d'une journée planétaire. (Soit la 1ere et 8e heure du Jour & la 3e et 10e heure de la Nuit).

Nous obtenons donc pour les jours planétaires & les métaux :
Dimanche – Soleil – Or ;
Lundi – Lune – Argent ;
Mardi – Mars – Fer ;
Mercredi – Mercure – Vif-argent ;
Jeudi – Jupiter – Étain ;
Vendredi – Vénus – Cuivre ;
Samedi – Saturne – Plomb.

Le Cinquième Sceau [du Lion]

Faites ce Sceau en ☉ lorsqu'il [le Soleil] entre en ♌, puis ensuite lorsque ♃ sera en ♓, gravez la première figure; et l'autre
côté lorsque la ☽ sera en ♓, il ne doit plus du tout être amené
au feu, mais seulement une seule fois, c'est-à-dire lorsqu'il
est fondu &c.

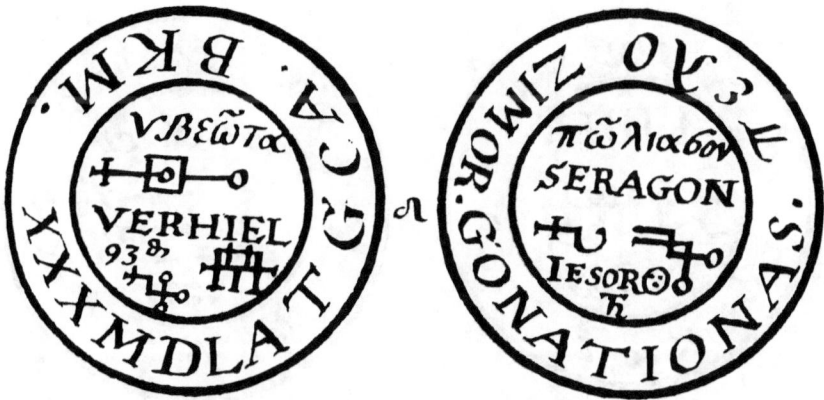

Le Sixième Sceau [de la Vierge]

Faites ce Sceau en ♀ 3*i* ☉ 3*ss* ☽ 3*ii* ♃ 3*ss* et faites fondre le tout un jour de ☉ lorsque le ☉ entre en ♍, puis ensuite, lorsque tout est en bon aspect, en ce jour [Mercredi], gravez les mots et les Caractères comme vous voyez sur la figure &c.

Le Septième Sceau [de la Balance]

Faites ce Sceau en ♀ fondu & fabriqué lorsque le ☉ entre dans le signe de la ♎.

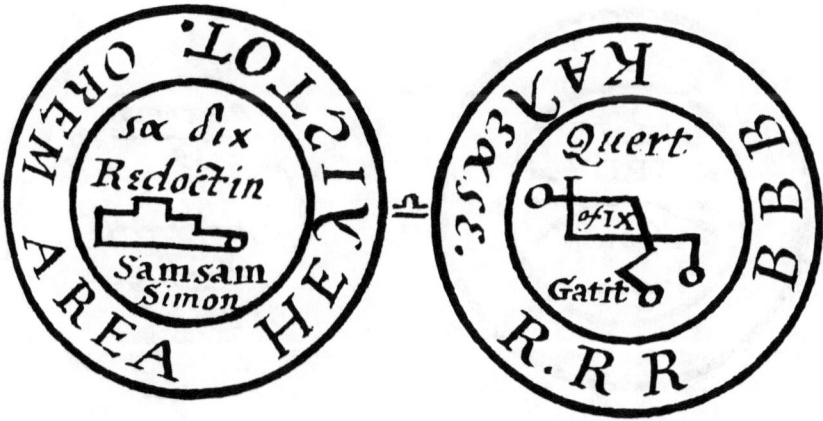

Le Huitième Sceau [du Scorpion]

Faites ce Sceau en ♂ et en ce jour et heure [Mardi à l'heure de Mars], lorsque le ☉ entre en ♏, et en cette heure gravez la partie avant, et ensuite, lorsque le ☉ entrera en ♈, gravez l'autre côté.

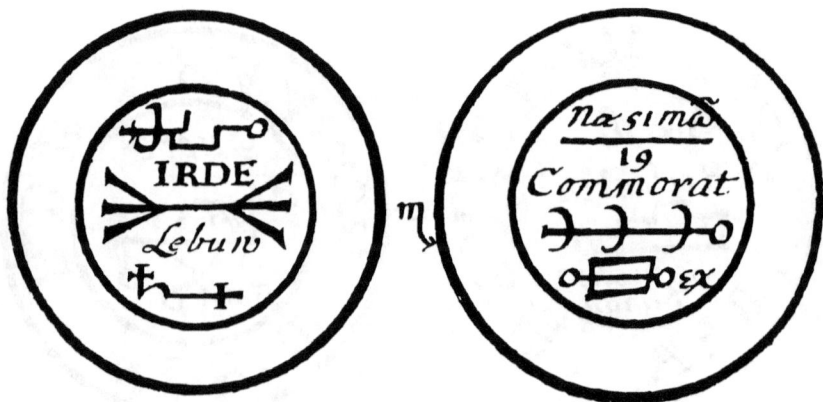

Le Neuvième Sceau [du Sagittaire]

Faites ce Sceau de pur ♃ à l'heure où le ☉ entre en ♐, et gravez-le à l'heure de ♃. Ce Sceau doit être suspendu[7] dans un Anneau en argent.

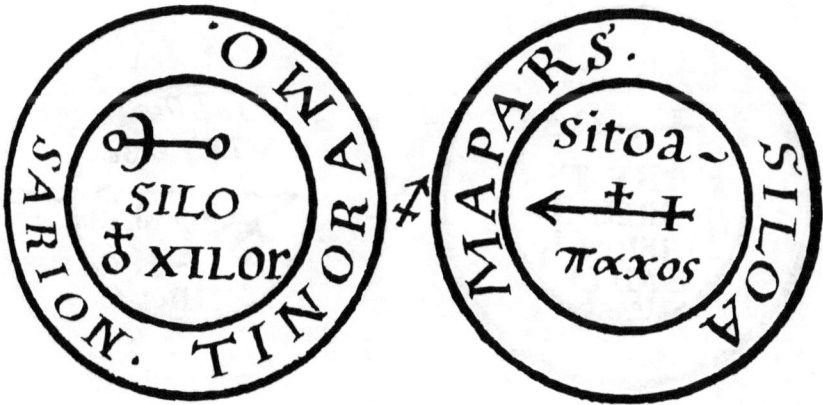

---

7   Écrit tel quel dans le Manuscrit. On comprendra qu'il s'agit plutôt de le fixer ou de l'enchâsser à l'Anneau.

Le Dixième Sceau [du Capricorne]

Faites ce Sceau en ☉, et un Anneau de ♀ pour l'y suspen-
dre[8], et lorsque le ☉ entrera en ♑, gravez-le lorsque ♄ sera en
bon aspect et en son propre jour et heure [Samedi, à l'heure
de Saturne].

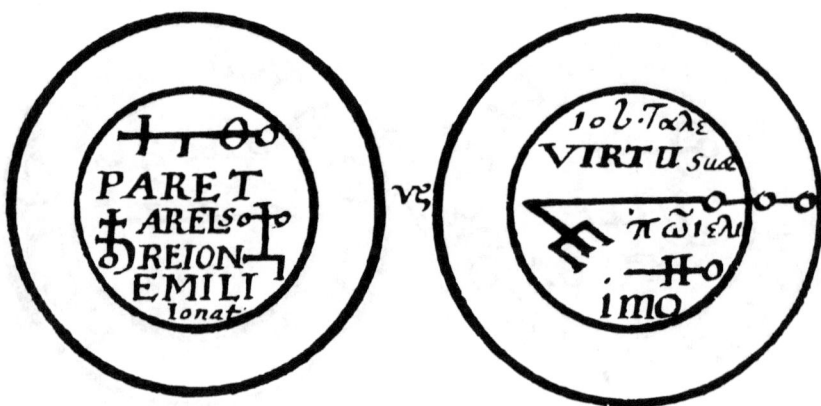

---

8   Tel quel. Une fois encore, il s'agit plutôt de le fixer ou de l'enchâsser
à l'Anneau.

Le Onzième Sceau [du Verseau][9]

Faites ce Sceau en ☉ *3ss* ♄ *3ii* ♂ *3i* et faites fondre le tout lorsque le ☉ entre en ♒, et gravez-le comme vous le voyez sur la figure lorsque ♄ sera dans la 9e maison &c.

---

9   Le symbole entre les deux figures semble suggérer que ce Sceau est attribué à la Vierge, cependant le texte indique clairement le Verseau comme le confirment aussi les autres manuscrits, dont Sloane 3825.

Le Douzième Sceau [des Poissons]

Faites ce Sceau lorsque le ☉ entre en ♓, de ☉ ♂ ♀ ☽ chacun
de 3*ii*, de ♃ 3*ss*, et faites-les fondre et gravez les deux faces
dans cette heure de ☽ augmentant [croissante] &c.

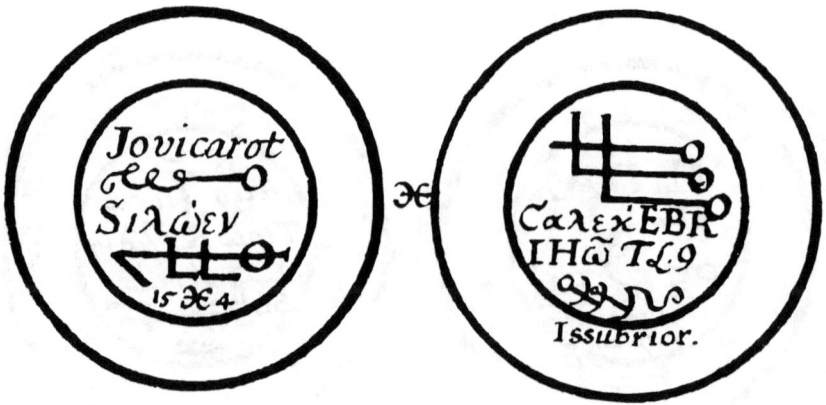

*A*lors quand vous connaissez l'Ange qui régit le Signe, & le degré de votre Nativité, et ayant en main le Sceau convenablement préparé, au Signe et au dit Degré tel que montré précédemment, vous voilà donc en mesure de comprendre de quel Ordre et sous quel Prince il [le Génie] se trouve, tel que montré ci-après dans la partie suivante.

Premièrement, les Génies attribués au ♈, ♌ & ♐ sont de la région Ignée, et sont gouvernés par **Michael**, le grand Ange, qui est l'un des grands Messagers de Dieu qui se trouve au Sud ; par conséquent, ces Génies doivent être observés le Dimanche dans la première et dans la huitième heure [du jour], de même qu'à trois et dix heures du soir, en vous orientant vers ce quartier. Ils apparaissent vêtus de Robes Royales tenant des sceptres dans leurs mains, chevauchant souvent un lion ou un coq. Leurs robes sont de couleur rouge et safran, et plus particulièrement, ils prennent la forme d'une Reine Couronnée, et très belle à voir &c.

Deuxièmement, les Génies attribués au ♉, ♍ & ♑ sont de la région Terrestre, et sont gouvernés par **Uriel**, qui est assisté par trois Princes, à savoir : **Cassiel**, **Sachiel**, & **Assaiel**. Par conséquent, les Génies et les Signes qui lui sont attribués doivent être observés à l'Ouest. Ils se montrent sous la forme de Rois portant des Robes vertes et argentées, ou comme de petits Enfants ou Femmes se complaisant à la chasse &c. Ils doivent être observés les Samedis à la première et à la huitième heure du jour, et la nuit à la troisième et à la dixième heure. Étant discret en ces heures vous obtiendrez vos désirs, en vous dirigeant vers l'Ouest comme précédemment &c.

Troisièmement, les Génies attribués au ♊, ♎ & ♒ sont de la région Aérienne, dont le Prince souverain se nomme **Raphaël**, qui a sous lui deux Princes qui se nomment **Miel & Seraphiel**. Par conséquent, les Génies et les Signes qui lui sont attribués doivent être observés à l'Est, le Mercredi, à la première et à la huitième heure du jour et la nuit à la troisième et à la dixième heure. Ils se montrent sous la forme de Rois ou de beaux jeunes hommes vêtus de Robes aux couleurs diverses, mais le plus souvent comme des Femmes d'une beauté transcendante [magnifique] en raison de leur admirable blancheur et beauté &c.

Quatrièmement enfin, les Génies attribués au ♋, ♏ & ♓ son de la région Aquatique, et sont gouvernés par **Gabriel**, qui a sous lui trois puissants Princes, à savoir : **Samael, Madiel & Mael**. Par conséquent, les Génies qui sont attribués à ces Signes, et gouvernés par Gabriel, doivent être observés le Lundi en direction du Nord, à la première & à la huitième heure du jour et la nuit à la troisième et dixième heure. Ils se montrent sous la forme de Rois portant des

Robes vertes et argentées, ou comme de petits Enfants ou Femmes se complaisant à la chasse &c. [10]

Puis en second lieu vous devez observer la saison de l'année en fonction des constellations des Corps célestes, sinon nous perdrons tout notre travail, car si le Génie est de la Hiérarchie Jyneal [Ignée], il serait vain de l'observer en toute autre saison que lorsque le Soleil entre dans les Signes de sa propre nature, soit ♈, ♌ & ♐.

Donc, s'il s'agit d'un Génie de la Terre, il doit être observé lorsque le ☉ entrera en ♉, ♍ & ♑, et ainsi de suite pour le reste.

Ou bien encore, les Génies qui sont de l'Ordre du Feu doivent être observés dans le quartier d'Été & ceux de la Terre en Automne, et ceux de l'Air au Printemps, et ceux de l'Eau dans le quartier d'Hiver — &c.

---

10   La version manuscrite utilisée ici étant celle du MS Sloane 3825 attribue les quatre (arch)Anges différemment du MS Harley 6483. De plus, ces deux manuscrits diffèrent aussi des attributions kabbalistiques des Éléments et des Archanges, lesquelles sont reconnues pour être exactes, à savoir :

(Arch)Anges	Kabbale	Sloane 3825	Harley 6483
Michael	Feu/Sud	Feu/Sud	Feu/Est
Uriel [Oriel]	Terre/Nord	Terre/Ouest	Terre/Ouest
Raphael	Air/Est	Air/Est	Air/Sud
Gabriel	Eau/Ouest	Eau/Nord	Eau/Nord

Leurs Offices sont en toutes choses qui sont Justes et qui ne sont pas contraires aux Lois du grand Dieu **Jehovah**. Mais pour ce qui est pour notre bien et ce qui concerne la protection de notre Vie, de notre être & bien-être & pour faire le bien & être serviable envers notre prochain &c.

Maintenant, celui qui veut voir son Génie, doit se préparer en conséquence. Alors, si son Génie est du Feu, ses exigences devront concerner la préservation de son Corps ou de sa personne afin qu'elle ne reçoive aucun mal, ni de la part d'armes à feu, ni d'armes similaires, et ayant un Sceau convenablement préparé, il devra le porter lorsqu'il voudra voir son Génie, afin de pouvoir lui faire confirmer & pour le temps à venir il ne manquera ni de son aide ni de sa protection à n'importe quel moment ou occasion &c.

Mais si son Génie est Aérien, il réconcilie les hommes, accroît l'amour et l'affection entre eux, il accorde les faveurs méritées des Rois et des Princes & promeut secrètement les mariages. Et c'est pourquoi celui qui utilise un tel Génie, avant de l'observer, devra convenablement préparer un Sceau à son Ordre afin qu'il puisse le faire confirmer par lui au jour & à l'heure de l'observation en quoi il verra des Effets merveilleux et étranges et ainsi de même des deux autres hiérarchies [Eau & Terre].

Et lorsque viendra le moment de voir votre Génie, faites face en direction du quartier d'où est le signe, et par des prières à Dieu, lesquelles seront composées selon votre convenance, mais somme toute convenables à l'affaire en question, et là vous le trouverez ; et l'ayant trouvé et sincère-

ment instruit à faire votre devoir, dès lors, étant bénin &
sociable, il illuminera votre esprit, vous enlèvera tout ce qui
est obscur & sombre à la mémoire, et vous fera savant en
toutes Sciences sacrées & divines en un instant &c.

[Suit ici] une forme de prière qui doit être répétée à plusieurs reprises en direction de la Côte ou du Quartier où est
le Génie, celle-ci étant un Exorcisme pour appeler le Génie
dans le Cristal qui doit se tenir sur la Table de pratique
montrée précédemment, celle-ci étant recouverte d'un drap
de lin blanc. Notez que cette prière peut être modifiée au
goût de l'opérateur, car elle sert ici à titre d'exemple &c.

[La Conjuration du Saint Ange Gardien.]

O toi grand et béni N. mon Ange gardien, accepte de descen-
dre depuis ta sainte demeure qui est Céleste, avec ta sainte
présence et influence à l'intérieur de ce Cristal, afin que je puisse
voir ta gloire ; et apprécier ta compagnie, ton aide et ton assistance,
maintenant et à jamais. O toi qui es plus grand que le quatrième
ciel et qui connais les secrets d'**Elanel**, toi qui montes sur les ailes
des vents et qui es fort & puissant dans ton mouvement Céleste
et superlunaire[11], descends et sois présent je te prie ; et je désire
humblement et te supplie que si jamais j'ai mérité ta compagnie

---

11   Dans le sens d'au-dessus de la Lune, dans les Sphères plus élevées
à l'instar du plan sublunaire habité par de nombreux Esprits.

ou si aucune de mes actions et intentions soit réelle et pure & sanc-
tifiée devant toi; amène ici ta présence extérieure [12] *et parle avec*
moi, qui suit l'un de tes fidèles sujets, par et au nom du grand Dieu
Jehovah, *envers qui tout le Cœur du Ciel chante continuellement:*
O Mappa la man Hallelujah. Amen.

Lorsque vous aurez répété cette Prière à plusieurs reprises, vous verrez enfin apparaître d'étranges mouvements et
visions dans la pierre [de cristal] et vous verrez enfin votre
Génie. Entretenez-vous ensuite de manière courtoise tel que
vous avez été instruit auparavant [13], lui déclarant votre pen-
sée et ce que vous attendez de lui, &c.

Ainsi s'achève la Deuxième Partie de l'Art Paulin.

---

12   Se manifester physiquement en dehors du Cristal.
13   La bienvenue à l'Esprit lors de sa venue.

Appendice
MS Sloane 3825

1. *Sceaux pour les Heures du Jour.*

2. *Sceaux pour les Heures de la Nuit.*

3. Sceaux pour les Douze Signes du Zodiaque.

4. Sceaux pour les Douze Signes du Zodiaque.

5. Sceaux pour les Douze Signes du Zodiaque.

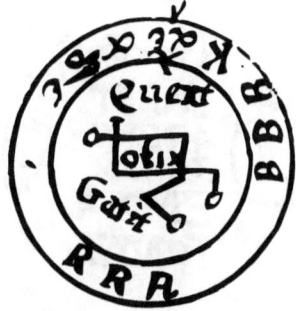

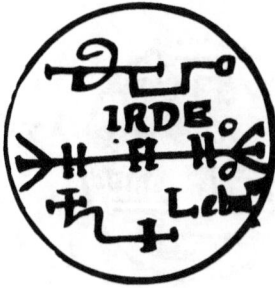

6. *Sceaux pour les Douze Signes du Zodiaque.*

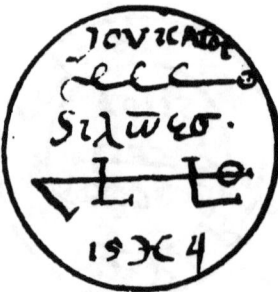

Table des Matières

Ars Paulina

Première Partie de l'Art Paulin, &c.

Deuxième Partie de l'Art Paulin, &c.